Este libro pertenece a:

_____

Me lo dio:

_____

En esta fecha:

_____

© 2019 por Grupo Nelson®
Publicado en Nashville, Tennessee,
Estados Unidos de América.
Grupo Nelson es una marca registrada de Thomas Nelson.
www.gruponelson.com

Título en inglés: *Bedtime Bible Prayers*
© 2018 por by Scandinavia Publishing House
Drejervej 15, 3., DK-2400 Copenhagen NV, Denmark
www.sph.as - info@sph.as

Editora en Jefe: *Graciela Lelli*
Adaptación del diseño al español: *Mauricio Diaz*
Ilustraciones: *Gavin Scott*
Diseño de la cubierta y diseño gráfico del libro: *Gao Hanyu*

ISBN: 978-1-4041-0991-9

Impreso en China
19 20 21 22 23 v 9 8 7 6 5 4 3 2 1

Oraciones
Bíblicas
Para la noche

GRUPO NELSON
Una división de Thomas Nelson Publishers
Desde 1798

NASHVILLE   MÉXICO DF.   RÍO DE JANEIRO

Contenido

SÉ DIFERENTE

Cada uno debe velar no solo por
sus propios intereses, sino también
por los intereses de los demás.

Filipenses 2.4

Juan 6.1-14

Amado Dios:

¿Me querrías ayudar a mirar por las necesidades de otras personas y a no pensar solo en mí mismo todo el tiempo? Permíteme asistir a alguien que necesite una sonrisa o ayuda. ¡Buenas noches, Dios mío! Amén.

Decirle un elogio a alguien es una forma magnífica de hacer que su día valga la pena

Mi corazón salta de alegría, y
con cánticos le daré gracias.

Salmos 28.7

2 Samuel 22

¡Dios de los cielos, te alabo!

A mí me encanta saltar y estar feliz.

¡Soy hijo tuyo, y eso me hace hijo del
Dios viviente!

¡Buenas noches, Dios mío!

Amén.

Menciona una cosa
que haya sucedido
hoy y por la cual
estés agradecido.

MUY BENDECIDO

Él bendecirá tu pan y tu agua. Yo
apartaré de ustedes toda enfermedad.

Éxodo 23.25

Mateo 6.25-27

Hola, Papá.

Gracias porque hoy tuve suficiente comida. Gracias por asegurarte de que yo tenga todo lo que necesito y por mantener mi cuerpo saludable y ayudarlo a crecer. ¡En realidad, soy muy bendecido! ¡Buenas noches, Papá!

Amén.

¿Cuál es tu comida favorita?

Porque tanto amó Dios al mundo que dio a su Hijo unigénito, para que todo el que cree en él no se pierda, sino que tenga vida eterna.

Juan 3.16

Juan 15.15

Dios amado:

Gracias por habernos enviado a Jesús para que podamos estar contigo y ser amigos tuyos. Te pido que mi fe y mi amistad contigo crezcan. ¡Buenas noches, Dios mío

Amén.

¿Sabías que Jesús dice que nosotros somos sus amigos?
Juan 15.15

MI DIOS CREÓ LOS CIELOS

Cuando contemplo tus cielos, obra de tus dedos, la luna y las estrellas que allí fijaste...

Salmos 8.3

Génesis 1.14-19

Querido Papá que estás en el cielo:

Es asombroso el que puedas hacer un cielo nuevo cada día. ¡Gracias porque me diste manos para que yo pueda jugar y también crear cosas! ¡Buenas noches, Dios mío!

Amén.

¿Te gusta mucho usar las manos?

DIOS ME CONOCE

Aun los cabellos de su cabeza
están contados.

Lucas 12.7

Salmos 139.15-16

Amado Dios del cielo:

Me sorprendo al pensar en lo bien que me conoces...

¡Hasta sabes cuántos cabellos tengo! Debes ser muy

bueno con las cuentas. Te ruego que me ayudes a

volverme muy bueno también con los números...

¡Buenas noches, Dios mío!

Amén.

¿Sabías que Dios te conocía
incluso cuando aún estabas
en el vientre de tu mamá?
(Salmos 139.15-16)

TODOS LOS NIÑOS SON BIENVENIDOS

Dejen que los niños vengan a mí, y no se lo impidan, porque el reino de Dios es de quienes son como ellos.

Lucas 18.16

Mateo 18.1-4

Dios amado:

Te doy gracias porque todos los niños podemos llegar a ti. Nunca te interrumpimos, y no te importa si hacemos cosas tontas, somos ruidosos o nos sentamos en las gavetas. Te pido que nunca nada me impida conocerte. ¡Buenas noches, Papá! Amén.

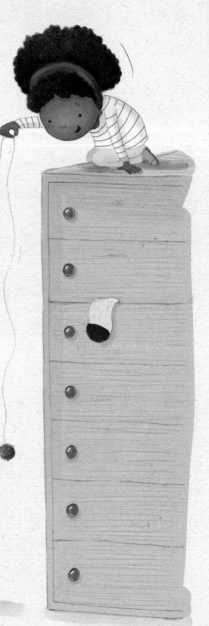

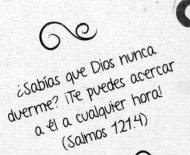

¿Sabías que Dios nunca duerme? ¡Te puedes acercar a él a cualquier hora! (Salmos 121:4)

En verdes pastos me hace descansar.
Junto a tranquilas aguas me conduce;
me infunde nuevas fuerzas.

Salmos 23.2-3

Mateo 11.28-30

Querido Papá:

Me encanta acostarme para

descansar y hablar contigo.

Gracias porque siempre me

escuchas. ¡Te ruego que ayudes a

mis papás a encontrar también un

tiempo para descansar! ¡Buenas

noches, Dios mío! Amén.

¿Sabías que Dios descansó
al séptimo día, después
de crearlo todo?

VOY A COMPARTIR MI SONRISA

Una mirada radiante alegra el corazón, y las buenas noticias renuevan las fuerzas.

Proverbios 15.30

Génesis 21.1-7

Hola, Papá:

Gracias por darme mi sonrisa. Me veo bien con ella. Ayúdame a compartir esa sonrisa con la gente con la que me encuentre mañana, incluso los que se hayan olvidado de sonreír.

¡Buenas noches, Papá!

Amén.

¿A quién crees que le gustaría verte sonreír mañana?

SIEMPRE SOY AMADO

Pues estoy convencido de que... ni cosa alguna en toda la creación podrá apartarnos del amor que Dios nos ha manifestado en Cristo Jesús nuestro Señor.

Romanos 8.38

Mateo 28.18-20

Amado Dios:

Gracias porque tu amor por mí nunca se acaba. Te ruego que cuando esté triste me envíes a alguien que me consuele y me dé ánimo. Ayúdame a conocer tu amor todos los días. ¡Buenas noches, Dios mío! Amén.

¿Cómo se puede consolar a alguien?

QUE TE ESCOJAMOS

Por mi parte, mi familia y yo serviremos al Señor.

Josué 24.15

Génesis 12.1-5

Querido Papá que estás en el cielo,
gracias por mi familia. Cada
uno de ellos es muy especial para
mí. Te pido que todos decidamos
seguirte y vivir nuestra vida
junto contigo.
¡Buenas noches, Dios!
Amén.

¿Te agrada pasar
ratos con tu
familia?

DIOS TIENE EL CONTROL DE TODO

Tu palabra es una lámpara a
mis pies; es una luz en
mi sendero.

Salmos 119.105

Salmos 23.4

Hola, Papá.

Gracias por darles seguridad a mis pasos. ¡Yo siempre te voy a seguir. Tú eres el dueño de mi vida, y confío en que me vas a cuidar bien. ¡Buenas noches, Papá!

Amén.

¿Por qué piensas que la Palabra de Dios es como una lámpara?

PARA SIEMPRE - ¡Y ES REAL!

Y esta es la vida eterna: que te conozcan a ti, el único Dios verdadero, y a Jesucristo, a quien tú has enviado.

Juan 17.3

Lucas 2.8–20

Dios amado que estás en el cielo, es maravilloso que yo viva para siempre contigo.

Gracias por enviar a Jesús, que es amigo mío.

Lo quiero saber todo sobre lo que tú eres...

¡El único Dios verdadero! ¡Buenas noches, Dios!

Amén.

¿Conoces a Jesús? Si no lo conoces, le puedes pedir que te perdone todas las cosas equivocadas que hayas hecho, y que venga a tu vida

A TODO PULMÓN

¡Que todo lo que respira
alabe al Señor!

Salmos 150.6

2 Samuel 6.12-22

Amado Dios, me gusta
mucho cantar y alabarte con
música. Tú eres el mejor y
el más sabio, y eres el Dios
de TODA la tierra! ¡Buenas
noches, Dios mío!

¿Cuál es tu
instrumento musical
favorito?

UN SUEÑO PACÍFICO

En paz me acuesto y me duermo, porque solo tú, Señor, me haces vivir confiado.

Salmos 4.8

Salmos 131.3-6

Hola, Papá. Gracias por mi muñeco de peluche, mi almohada y mi hogar.

Me voy a dormir pronto; ayúdame a conocer tu paz y a tener un buen descanso esta noche.

¡Buenas noches, Dios mío! Amén.

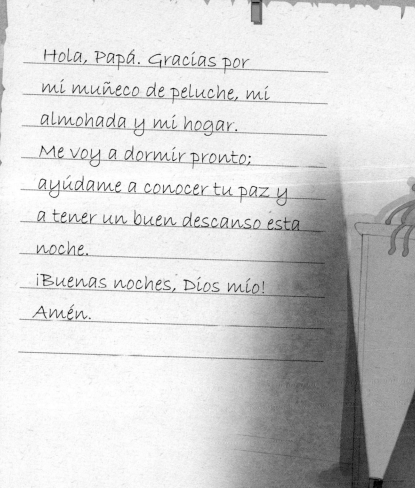

Dios nunca te va a dejar. Él siempre está a tu lado. (Deuteronomio 31.6)

Ya sea que coman o beban o hagan cualquier otra cosa, háganlo todo para la gloria de Dios.

1 Corintios 10.31

1 Samuel 16.7

Amado Dios que estás en el cielo, gracias por

haberme dado una segunda oportunidad.

¡Tú sabes lo que yo tengo en el corazón!

Ayúdame a hacer las cosas lo mejor que pueda,

aun cuando la gente no me vea.

¡Buenas noches, Dios mío!

Amén.

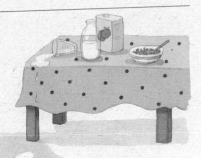

¿Recuerdas algún momento en que hiciste feliz a alguien?

Porque yo soy el Señor, tu Dios, que sostiene tu mano derecha; yo soy quien te dice: No temas, yo te ayudaré

Isaías 41.13

Daniel 3.22-29

Papá querido, gracias porque estás conmigo sin
importarte lo que yo esté pasando.
Ayúdame a no preocuparme ni tener miedo. Tú
eres mi Dios y voy a poner en ti mi confianza.
¡Buenas noches, Dios mío!
Amén.

¿A quién acudes cuando
sientes miedo o estás
preocupado?

DIOS ES FIEL

Cuán bueno, Señor, es darte gracias... proclamar tu gran amor por la mañana, y tu fidelidad por la noche

Salmos 92.1, 2

Salmos 136

Dios amado, gracias por serme tan fiel.

Todos los días y todas las noches puedo

confiar en ti.

¡Te voy a cantar un canto de alabanza porque tú

eres un Dios maravilloso!

¡Buenas noches!

Amén.

¿Cuál es el canto
que te gusta
cantarle a Dios?

DIOS CONOCE MI NOMBRE

Te he llamado por tu nombre;
tú eres mío.

Isaías 43.1

Salmos 139.1-6

Dios amado que estás en el cielo, gracias porque conoces mi nombre y yo soy tu hijo. Dondequiera que yo esté, no estoy por accidente.

¡Tú tienes un buen propósito conmigo!

Mi vida está en tus manos... ¡y eso es algo muy bueno!

¡Buenas noches, Dios mío!

Amén.

¡Dios es un Dios bueno que siempre quiere lo mejor para ti!
(Mateo 7.9-11)

AMÉMONOS UNOS A OTROS

De este modo todos sabrán que son mis discípulos, si se aman los unos a los otros.

Juan 13.35

Filipenses 2.3-4

Hola, Papá. Gracias por mis amigos.

¡Me encanta divertirme con ellos!

Te ruego que me ayudes a ser bueno y servicial cuando juguemos, para que ellos sepan lo bien que me caen.

¡Buenas noches, Dios mío!

Amén.

¿Quiénes son tus amigos?

FELICES SUEÑOS

Al acostarte, no tendrás
temor alguno; te acostarás
y dormirás tranquilo.

Proverbios 3.24

Salmos 139.7–12

Amado Dios que estás en el cielo, gracias por estar

junto a mí mientras yo duermo.

Me maravilla que puedas estar en el cielo, y también

aquí a mi lado, ¡y todo al mismo tiempo!

¡Buenas noches, Dios mío!

Amén.

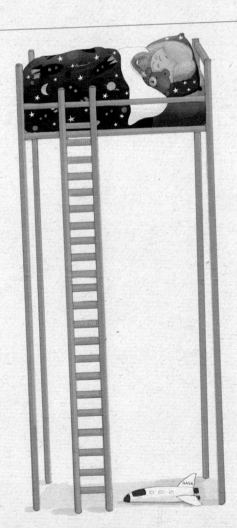

¿Te gusta que te arropen
por la noche en la cama?

DISFRUTO DE MIS TALENTOS

Pon en manos del Señor todas tus obras, y tus proyectos se cumplirán.

Proverbios 16.3

1 Timoteo 4.14-15

Hola, Papá. Me encanta inventar juegos nuevos. Gracias por darme una mente tan creadora. Ayúdame a no hacer alardes cuando haga bien las cosas, sino a usar mi talento para el bien. ¡Buenas noches, Dios mío!

Amén.

¿En qué eres realmente bueno?

DALE A DIOS TUS PREOCUPACIONES

Depositen en él toda ansiedad, porque él cuida de ustedes.

1 Pedro 5.7

Lucas 7.11–17

Dios amado que estás en el cielo, te doy gracias
porque te puedo pedir ayuda cuando tengo un
problema, sea grande o pequeño.
Te ruego que me ayudes a resolverlo de la mejor
manera posible.
¡Buenas noches, Dios mío!
Amén.

¿Necesitas ayuda con
algo hoy?

SEGUIDOR DE DIOS

Si se mantienen fieles a mis enseñanzas, serán realmente mis discípulos.

Juan 8.31

Mateo 5.14-16

Querido papá, gracias por la Biblia. Está llena de historias maravillosas. Te ruego que me ayudes a comprender lo que todo eso significa y cómo convertirme en seguidor tuyo. ¡Buenas noches, Dios mío! Amén.

¿Cuáles son las historias de la Biblia que conoces?

Para los hombres es imposible... mas para Dios todo es posible.

Mateo 19.26

Mateo 28.1-10

Hola, Papá. ¡Qué fantástico es que nada sea imposible para ti! Tú eres muy sabio y tienes una solución para todo, incluso cuando las cosas se vuelven muy, muy difíciles. Te ruego que compartas conmigo tu sabiduría para que me pueda volver yo también muy bueno para resolver las dificultades. ¡Buenas noches, Dios mío! Amén.

Dios es todopoderoso. No hay fuerza en el universo que sea más fuerte que él; ni siquiera el viento o los volcanes. El poder de Dios es infinito.

SOY VALIENTE

Solo te pido que tengas mucho valor y firmeza

Josué 1.7

1 Timoteo 4.12

Amado Dios que estás en el cielo, ayúdame a ser valiente y fuerte cuando esté haciendo algo difícil. Te ruego que me sienta seguro y feliz haciendo lo que me gusta hacer, por bueno o malo piensen los demás que yo soy. Ayúdame a concentrarme en lo que hago y a confiar en ti.

¡Buenas noches, Dios mío! Amén.

¿Cuáles de las cosas que tú haces necesitan mucha valentía?

Traten a los demás tal
y como quieren que ellos
los traten a ustedes.

Lucas 6.31

1 Samuel 18.1-4

Amado Dios, gracias porque me enseñas de qué manera debo tratar a todas las personas que ya conozco y las que voy conociendo. Ayúdame a ser amistoso con ellas, así como quiero que ellas sean amistosas conmigo.

¡Buenas noches, Dios mío!

Amén.

¿Qué significa tratar bien a una persona?

Se me ha dado toda autoridad en el cielo y en la tierra

Mateo 28.18

Marcos 4.35-41

Dios amado, me maravilla que seas el ser más
maravilloso que haya existido jamás.
No hay nadie más fuerte ni más grande que tú.
Y sin embargo, me amas.
Estoy muy contento de que seas mi amigo y mi
héroe. ¡Buenas noches, Dios mío!
Amén.

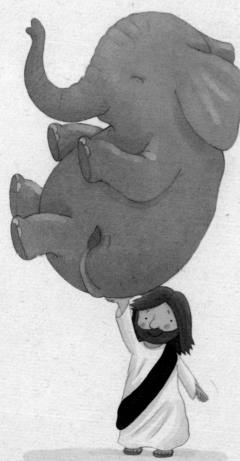

¿Sabías que Jesús caminó
sobre el agua, sanó a una gran
cantidad de personas y calmó
una tormenta con una sola
palabra? También les devolvió la
vida a unas personas que habían
muerto y él mismo volvió a la
vida tres días después de haber
sido sepultado.

NO VOY A DECIR MENTIRAS

El que ama la pureza de corazón y tiene gracia al hablar tendrá por amigo al rey.

Proverbios 22.11

Mateo 5.8

Querido Papá que estás en el cielo, te doy gracias porque me amas cuando echo a perder las cosas o me enojo. Ayúdame a decir la verdad. Te ruego que me perdones y me ayudes a corregirlo todo.

¡Buenas noches, Dios mío!

Amén.

¿Qué significa ser sincero?

DIOS SABE LO QUE YO NECESITO

Su Padre sabe lo que
ustedes necesitan antes
de que se lo pidan.

Mateo 6.8

Lucas 11.9-10

Dios amado que estás en el cielo, gracias porque siempre escuchas mis oraciones y sabes lo que necesito. Me alegra poderte pedir lo que necesito y hablar acerca de todas las cosas, hasta las que son secretas.

¡Buenas noches, Dios mío!

Amén.

¿Recuerdas algo que conseguiste hace poco, que te hizo feliz?

HECHO POR DIOS

Tú creaste mis entrañas; me formaste en el vientre de mi madre. ¡Te alabo porque soy una creación admirable!

Salmos 139.13-14

Jeremías 1.5

Hola, Papá. Es maravilloso pensar que tú me formaste cuando yo estaba en el vientre de mi mamá. De hecho, todavía me estoy formando; en la boca me está saliendo un diente nuevo.

De veras me agrada ser el que soy; gracias por hacerme tan especial que no hay nadie igual a mí.

¡Buenas noches, Dios mío!

Amén.

Di una cosa que te gusta de tu persona

EL PADRENUESTRO

Padre nuestro que estás en el cielo, santificado sea tu nombre, venga tu reino, hágase tu voluntad en la tierra como en el cielo. Danos hoy nuestro pan cotidiano. Perdónanos nuestras deudas, como también nosotros hemos perdonado a nuestros deudores. Y no nos dejes caer en tentación, sino líbranos del maligno.

Mateo 6.9-13

PERDONA

De modo que se toleren unos a otros
y se perdonen si alguno tiene queja
contra otro. Así como el Señor los
perdonó, perdonen también ustedes.

Colosenses 3.13

Romanos 4.25

Querido Dios del cielo, te
doy gracias porque me
amas cuando yo me siento
enojado. Es algo terrible
cuando se me rompen los
juguetes, sobre todo cuando
otra persona los rompe.
Te ruego que me ayudes a
personar a esas personas
como me perdonas tú
cuando yo hago algo malo.
¡Buenas noches, Dios mío!
Amén.

¿Alguna vez alguien te ha
roto uno de tus juguetes?
¿Qué hiciste tú entonces?

La bondad y el amor me seguirán todos los días de mi vida.

Salmos 23.6

Jeremías 29.11

¡Papá querido, tú eres un Dios tan bueno!

Gracias porque tienes un plan y un propósito

para mi futuro, y están llenos de tu bondad.

Oro para que mis amigos también descubran

que tú eres un Dios muy bueno.

¡Buenas noches, Dios mío!

Amén.

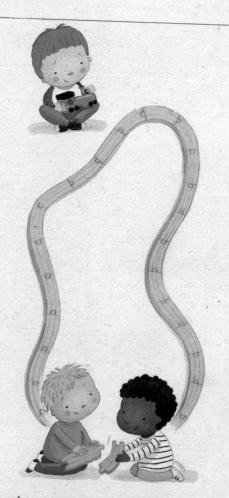

¿Te acuerdas de alguna
cosa buena que Dios
haya hecho?

DIOS ME ACOMPAÑA

Así que no temas, porque yo estoy contigo; no te angusties, porque yo soy tu Dios. Te fortaleceré y te ayudaré; te sostendré con mi diestra victoriosa.

Isaías 41.10

Daniel 6.21-27

Querido Dios, yo me pongo muy tímido cuando voy a lugares nuevos donde no conozco a la gente. Te ruego que me ayudes a ser yo mismo y a conocer tu paz dondequiera que yo esté. ¡Buenas noches, Dios mío! Amén.

¿Sabías que paz a vosotros fue la primera cosa que les dijo Jesús a sus discípulos cuando se reunió con ellos después de la resurrección?
(Lucas 24.36)

DIOS ES BUENO

¡Ya puedes, alma mía, estar tranquila,
que el Señor ha sido bueno contigo!

Salmos 116.7

Mateo 9.27-31

Hola, Papá. Gracias, Dios,
porque tengo todo lo que
necesito... ¡y más aún!
¡Qué bueno eres tú
conmigo! Ayúdame a
darme mejor cuenta de tu
bondad hacia mí.
¡Buenas noches, Dios mío!
Amén.

De las cosas que ves a tu
alrededor, ¿por cuáles de
ellas te puedes dar gracias
a Dios?

Pido que el Dios de nuestro Señor Jesucristo, el Padre glorioso, les dé el Espíritu de sabiduría y de revelación, para que lo conozcan mejor.

Efesios 1.17

Juan 14.26

Querido Dios que estás en el cielo, son muchas las cosas de ti que todavía no conozco.

Te pido que me llenes de tu Espíritu para que te pueda conocer mejor.

¡Buenas noches, Dios mío! Amén.

¿Cómo piensas que puedes conocer mejor a Dios?

¡Manténganse firmes y no bajen la guardia, porque sus obras serán recompensadas!

2 Crónicas 15.7

Lucas 10.25–37

Dios querido, a veces ayudar a la gente es algo
incómodo. Pero me hace feliz que nos ayudemos
unos a otros, así que ayúdame a no abandonarlo
todo cuando me cueste.
¡Buenas noches, Dios mío!
Amén.

¿Ayudaste a alguien
en algo hoy?

UN DIOS QUE AMA

Nosotros amamos porque él nos amó primero.

1 Juan 4.19

Romanos 8.38-39

Hola, Papá. ¡Es maravilloso pensar en lo mucho que tú me amas!

Enviaste a Jesús a la tierra para mostrarnos tu amo, y yo como respuesta te quiero a mar con todo el corazón. ¡Buenas noches, Dios mío! Amén.

¿Puedes pensar en lo que se siente cuando se ama a alguien?

El perezoso ambiciona, y nada consigue; el diligente ve cumplidos sus deseos.

Proverbios 13.4

Proverbios 16.3

Querido Papá que estás en el cielo,
ayúdame a no darme por vencido cuando
aprenda cosas nuevas que sean un poco
difíciles. Ayúdame a tener paciencia
conmigo mismo aunque me equivoque y
tenga que intentarlo muchas veces antes
de alcanzar mi meta.
¡Buenas noches, Dios mío! Amén.

¡Recuerda que la
práctica es la que hace
las cosas perfectas!

NO FALTA NINGUNA ESTRELLA

¿Quién ha creado todo esto? El que ordena la multitud de estrellas una por una, y llama a cada una por su nombre. ¡Es tan grande su poder, y tan poderosa su fuerza, que no falta ninguna de ellas!

Isaías 40.26

Salmos 147.4

Querido Dios, cuando hago galletitas dulces con un molde en forma de estrella, después las puedo contar. En cambio, las estrellas que tú creaste son muchísimas; tantas, que no las puedo contar... ¡y sin embargo, tú tienes un nombre para cada una de ellas! ¡Eso es asombroso! ¡Buenas noches, Dios mío! Amén.

¿Sabías que el sol también es una estrella? ¿Sabías además que a Jesús se le llama la estrella brillante de la mañana?
(Apocalipsis 22.16)

EL GRAN PODER DE DIOS QUE HAY EN MÍ

Al que puede hacer muchísimo
más que todo lo que podamos
imaginarnos o pedir.

Efesios 3.20

Génesis 45.4-9

Amado Dios del cielo, es asombroso que el mismo poder que resucitó a Jesucristo de entre los muertos sea el que está obrando dentro de mí. Ayúdame a recordar esto cuando me sienta débil y pequeño.

¡Buenas noches, Dios mío! Amén.

¿Qué piensas que Dios te quiere ayudar a hacer?

NO ESTOY SOLO

Y les aseguro que estaré con ustedes siempre, hasta el fin del mundo.

Mateo 28.20

Juan 10:28